DESCRIPTION
DU MAUSOLÉE
ÉRIGÉ A FEU
M. LANGUET DE GERGY,
CURÉ DE SAINT SULPICE,

Par les foins de M. le Curé & de M^{rs} les Marguilliers de cette Paroiffe ;

Avec l'Epitaphe Latine & la Traduction Françoife.

A PARIS,

Chez la Veuve THIBOUST, Imprimeur du ROI,
Place de Cambray.

M. DCCLVII.

DESCRIPTION

Du Mausolée érigé à feu M. LANGUET DE GERGY , Curé de SAINT SULPICE.

UN zèle infatigable pour les Saints Autels, un génie fécond en projets utiles , une activité singulière à les exécuter, une éloquence douce & persuasive , le talent rare de faire participer à ses bonnes œuvres les personnes les moins attentives , & même les moins disposées à faire le bien , des fondations aussi avantageuses au monde qu'à la Religion , une charité tendre & agissante , des aumônes répandues avec profusion dans le sein des Pauvres, rendront éternellement cher & respectable le nom de feu M. LANGUET DE GERGY, Curé de Saint Sulpice.

De toutes les entreprises qui lui furent inspirées par la Bienfaisance & la Piété , la plus considérable sans doute est l'Eglise qu'il com-

A ij

mença à faire bâtir en 1719, & qu'il a laif-
fée, à fa mort, dans l'état où on la voit au-
jourd'hui. M. le Curé & M^rs les Marguilliers
de la Paroiſſe, pleins de vénération & de re-
connoiſſance pour ſa mémoire, ont chargé
M. Michel-Ange Slodtz, Sculpteur du Roi,
de lui ériger un Monument qui rendît à la
Poſtérité un éclatant témoignage de celui
qu'il avoit lui-même élevé au Seigneur. En
effet, *M. Slodtz* a employé toute la force &
l'élégance de ſon ciſeau à faire principalement
ſervir à la gloire de cet illuſtre Paſteur, cette
même Egliſe, qui fut la paſſion la plus vive
de ſon ame, la preuve la plus convaincante
des reſſources de ſon génie, la plus douce
récompenſe de ſes travaux.

L'Immortalite' ne peut ſouffrir
qu'un auſſi grand homme ſoit enſéveli dans
la nuit du trépas. Elle vient d'un vol rapide
diſſiper les ténébres qui le couvrent, tenant
ſous ſon bras gauche le Plan Géométral de
l'Egliſe de Saint Sulpice, tracé en or ſur l'ai-
rain. A ſa voix M. Languet ſort du tom-
beau. La Mort frémit à l'aſpect de ſon
ennemie; elle s'échappe, confuſe & déſeſpé-
rée. Tel eſt en gros le ſujet allégorique du
Mauſolée : en voici les détails.

La figure de l'IMMORTALITE' eſt de ſix pieds de proportion, en marbre blanc ſtatuaire. Le mouvement de ſes aîles exprime ſon arrivée ainſi que l'inſtant où, prenant pied, elle le poſe ſur une branche de cyprès. Elle lève avec vivacité de la main droite le voile funèbre qui couvre M. LANGUET. On la reconnoît au cercle d'or & à la branche de laurier qu'elle tient dans ſa main gauche. Elle porte une couronne antique ſur ſa tête.

La figure de M. LANGUET, de même proportion & de même marbre que la précédente, ſe montre à découvert. Il eſt à genoux, en ſurplis & en étole, ſur un carreau de Marbre Brocatelle d'Eſpagne, orné de glands de bronze doré. Il a les bras ouverts & étendus, ainſi que les yeux tournés, vers le Maître Autel, comme pour offrir à Dieu l'édifice du Temple qu'il a fait conſtruire.

La figure de LA MORT, encore à moitié couverte de la Draperie mortuaire, eſt auſſi d'une proportion de ſix pieds, mais exécutée en bronze. Elle eſt dans l'attitude de ſe relever ſur ſes genoux pour prendre la fuite. Elle emporte ſa faulx, & déploye ſes aîles qui laiſſent voir des os décharnés & des plumes arrachées & déchirées.

La Draperie que l'IMMORTALITE' tient levée eſt de deux marbres; le deſſous en bleu turquin, le revers d'albâtre de Montaoute. Les extrémités ſont garnies d'une frange de bronze doré.

L'Urne ou Sarcophage, ſur lequel on voit ces trois figures, eſt de vert antique; il eſt ſoutenu par deux Piédouches auſſi de vert antique, & poſe ſur un Piédeſtal de marbre jaune de Sienne, dont le milieu eſt arrondi ſur ſon plan. Au-devant de cet arrondiſſement ſe préſente une Table en relief quarré-long, de marbre blanc, arrêtée par quatre boulons de bronze doré, ſur laquelle l'Epitaphe eſt gravée. Le Socle du Piédeſtal eſt de marbre brèche violette.

Au-deſſus de ce Piédeſtal le Génie de la Religion & le Génie de la Charité, exécutés en marbre blanc, groupent avec un Cartel de pareil marbre, où eſt appliqué l'écuſſon des armes de M. LANGUET en bronze doré. Le Génie de la Religion tient ce Cartel de la main gauche. La Religion eſt caractériſée par une Croix en bronze doré, qui s'élève, appuyée contre le bras gauche du Génie. Un livre de même métal, placé au pied de cette Croix, eſt encore un des attributs de la Religion. Le Génie qui la repréſente, frappé de ce qui se passe sur l'Urne, le montre de la main droite au Génie de la Charité. Celui-ci est couché sur une Corne d'Abondance d'où sortent des fruits ; il en tient une poignée qu'il semble répandre ; ce qui fait allusion aux abondantes aumônes que l'ancien Curé distribuoit dans tous les temps, même dans les plus difficiles. Les fruits sont en bronze doré, ainsi qu'une guirlande de laurier qui se détache du Cartel en deux chûtes, lesquelles groupent avec les deux Génies, & viennent tomber sur la cimaise du Piédestal.

Cet ensemble qui compose le Mausolée est placé dans la Chapelle de Saint Jean-Baptiste (Patron de M. LANGUET) où il est inhumé. Le tout est adossé à une Pyramide de marbre de brèche d'Alep sur un grand Socle de même marbre. La Pyramide elle-même est adossée au mur de l'Arcade qui fait face à l'Autel de la Chapelle. L'Arcade, en forme de niche, est revêtue de marbre blanc veiné dans tout son fond, aux Piédroits ainsi qu'à l'Imposte & au bandeau de l'Archivolte orné de moulures.

Hîc requiescit in Domino
Joan. Bapt. Josephus LANGUET DE GERGY, è stirpe
nobili apud Burgundiones ortus,
Sacræ Facultatis Parisiensis Doctor Sorbonicus,
Sancti Sulpitii Parœciæ
Per XXXV annos Rector;
Extremâ ætate Abbas B. Mariæ de Bernaïo,
Toto vitæ decursu Deiparæ fervidus cultor & magnificus;
Hujus, quale & quantum vides, Templi ædificator.
Quam fabricam, nullæ copiæ cùm adessent, piè fidenti
concepit animo,
Favente Regiâ pietate condidit.
Præcipua illi cura & propensior viva Christi Domicilia
tueri :
Ut in explorandâ egestate perspicax, sic in depellendâ
effusus;
Egentes fovebat egens ipse : vestiebat ipse nudus : pascebat
ipse esuriens;
Immortali fœnore, Pauperibus divitum opes,
Divitibus Pauperum preces concilians; felix Cœlestis
commercii dispensator.
In diluviis, in incendiis, in annonæ penuriâ, portus,
perfugium, subsidium suis :
Acer, expeditus, efficax.
Optimi cujusque operis munificus fautor, & ipse auctor
providus,

Infantis Jesu Infantes Alumnas Parthenone nobili
excepit, enutrivit, informavit.

Hunc Optimates sapientem in consiliis arbitrum,
Grex Ducem, Pastorem, Patrem ;
Lutetia Civem beneficum, Ecclesia Doctorem & exemplum
luxerunt.

In Cœlo cum Angelis ob Virtutum decora, in Terra
nobiscum
Per Beneficiorum monumenta æternùm victurus.

Obiit die XI Octobris an. MDCCL, ætatis LXXVI.

Joannes Dulau d'Allemans, tanti viri successor,
& hujus Basilicæ Æditui,
Amoris & grati animi causâ, flentes P. P.

TRADUCTION.

Ici repose dans le Seigneur
Jean - Baptiste - Joseph Languet de Gergy,
né en Bourgogne d'une famille noble,
Docteur de la Faculté de Paris de la Maison de Sorbonne,
Curé de la Paroisse de Saint Sulpice
Pendant trente-cinq ans ;
Sur la fin de ses jours Abbé de Sainte Marie de Bernay,
Et toute sa vie occupé à faire éclater sa ferveur
& sa magnificence pour le culte de la Mère de Dieu.
Il éleva ce Temple dans toute la grandeur & la majesté
qu'on y admire :

Il en conçut le projet sans autres fonds qu'une sainte
confiance;

Il l'exécuta, graces à la piété généreuse du Souverain.

Mais la conservation des Temples vivans de Jesus-Christ
fut le premier & le plus cher de ses soins.

Ingénieux à découvrir la misère, prodigue pour la soulager,

Il secouroit les indigens, indigent lui-même;

il leur donnoit des vêtemens, & lui-même s'en refusoit;

il les nourrissoit, & se privoit lui-même d'alimens;

Procurant aux Pauvres les trésors des Riches,

Aux Riches les prieres des Pauvres: heureux médiateur
de ce commerce tout Divin qui produit un intérêt immortel.

Dans les inondations, dans les incendies, dans les disettes,
il fut un port, un refuge, une ressource,

Actif, vigilant, prompt à exécuter,

Il n'y avoit sorte de bonnes œuvres qu'il ne secondât
par de puissantes largesses & qu'il n'entreprît lui-même
par une heureuse prévoyance,

Il ouvrit un asyle honorable à de jeunes Vierges
d'un sang noble, qu'il consacra à Jesus Enfant;

il pourvut à leur subsistance, à leur éducation.

Les Grands ont regretté en lui un homme d'un excellent
conseil,

Son Troupeau un Guide, un Pasteur, un Père,

Paris un Citoyen bienfaisant, l'Eglise un Docteur
& un Modèle.

Ses Vertus le feront vivre éternellement avec les Anges
dans le Ciel,

Ses bienfaits avec nous fur la terre.

Il mourut le XI Octobre de l'année MDCCL,
à l'âge de foixante - feize ans.

Jean DULAU D'ALLEMANS, Succeffeur de ce grand
Homme & les Marguilliers de cette Eglife,

Lui ont élevé, en verfant des larmes, ce Monument
de leur amour & de leur reconnoiffance.

231